ແສງສີໃນທ້ອງຟ້າ

ໂດຍ ອານຸສິດ ເທບໄກສອນ
ຮູບໂດຍ ກ໌ວາດ ມູຊາ

Library For All Ltd.

ອົງການ Library For All ແມ່ນອົງການທີ່ບໍ່ຫວັງຜົນກຳໄລ ທີ່ມີພັນທະກິດທີ່ຈະເຮັດໃຫ້ທຸກຄົນ
ສາມາດເຂົ້າເຖິງແຫຼ່ງຄວາມຮູ້ ຜ່ານບະວັດຕະກຳຫ້ອງສະໝຸດດິຈິຕອນ.
ເຂົ້າເບິ່ງລາຍລະອຽດເພີ່ມເຕີມທີ່: libraryforall.org

ແສງສີໃນທ້ອງຟ້າ

ພິມຄັ້ງທຳອິດ 2022

ຈັດພິມໂດຍ: ອົງການ Library For All
ອີເມວ: info@libraryforall.org
URL: libraryforall.org

ຮູບແຕ້ມຕົ້ນສະບັບໂດຍ ກິວາດ ມູຊາ

ແສງສີໃນທ້ອງຟ້າ
ອານຸສິດ ເທບໄກສອນ
ISBN: 978-9932-14-021-3
SKU02477

ແສງສີໃນທ້ອງຟ້າ

สายรุ้ง

ຕາເວັນຂຶ້ນ

ຕາເວັນຕິກ

ฟ้าแมบ

ฟ้าผ่า

ແສງອາລຸບ

ສຸລິຍະຄາດ

ຈັບທະຍາດ

ຄວງຄາວ

ຝົນດາວຕົກ

ແສງອາລຸນ
ແມ່ນປະກົດການ
ແສງສິທຳມະຊາດ
ໃນທ້ອງຟ້າ ທີ່ເກີດ
ຈາກແສງຕາເວັນ ພິບພັບ
ແກ໊ສ ໃນຊັ້ນບັນຍາກາດ.
ແສງສິດັ່ງກ່າວ
ຈະພົບເຫັນສອບທູາຍ
ຢູ່ ຂົ້ວໂລກເໜືອ ແລະ
ຂົ້ວໂລກໃຕ້.

ຂໍ້ມູນທາງບັນນານຸກົມຂອງຫໍສະໝຸດແຫ່ງຊາດ

ອານຸສິດ ເທບໄກສອນ
    ແສງສີໃນທ້ອງຟ້າ / ໂດຍ ອານຸສິດ ເທບໄກສອນ.
    -- ວຽງຈັນ: ປຶ້ມອ່ານ, 2022
    18 ໜ້າ : ພາບປະກອບສີ ; 26 ຊມ
    1. ວັນນະກໍາສໍາລັບເດັກ
    I. ຊື່ເລື່ອງ
808.068 -- dc21
    ເລກທະບຽນພິມຈໍາໜ່າຍ: 062 / ອພຈ07052035
    ISBN 978-9932-14-021-3

ເຈົ້າສາມາດໃຊ້ຄຳຖາມດັ່ງລຸ່ມນີ້ເພື່ອສືບທະບາກ່ຽວກັບເລື່ອງທີ່ອ່ານກັບ ຄອບຄົວ, ໝູ່ ແລະ ຄູອາຈານ.

ເຈົ້າໄດ້ຮຽນຮູ້ຫຍັງຈາກເລື່ອງນີ້?

ຈົ່ງອະທິບາຍເລື່ອງນີ້ ໂດຍໃຊ້ຄຳບັບຍາຍ 1ຄຳ. ຕະຫຼົກ? ຢ້ານ? ມີສິສັນ? ໜ້າສົນໃຈ?

ເມື່ອອ່ານຈົບແລ້ວ, ເລື່ອງນີ້ໃຫ້ຄວາມຮູ້ສຶກຫຍັງແດ່?

ໃນເລື່ອງນີ້, ເຈົ້າມັກສ່ວງໃດຫຼາຍທີ່ສຸດ?

ກ່ຽວກັບຜູ້ປະກອບສ່ວນ

ອານຸສິດ ເທບໄກສອນ ເປັນ ຄົນລາວ ທີ່ມັກເຮັດກິດຈະກຳບອກບ້ານ
ຫຼາຍຢ່າງ ເຊັ່ນ ຫຼິ້ນດົນຕີ ຮ້ອງເພງ, ປູກຕົ້ນໄມ້ ຫຼາຍໆຊະນິດ
ເອົາໄວ້ແຍ່ງເບິ່ງ ຫຼື ແບ່ງປັນໃຫ້ໝູ່ເພື່ອນ. ໃນຍ່າມາ ອານຸສິດໄດ້ຮຽນຮູ້
ທີ່ຈະຮັກການອ່ານ ແລະ ໄດ້ເຫັນສິ່ງໃໝ່ໆ ໂລກໃໝ່ໆ
ຜ່ານປຶ້ມຫຼາກຫຼາຍຊະນິດ ຈິ່ງຢາກໃຫ້ເດັກນ້ອຍຄົນລາວ
ໄດ້ຜະຈິນໄພຜ່ານການອ່ານ ຮຽນຮັກການອ່ານ
ຄວບຄູ່ກັບການເຮັດກິດຈະກຳຢູ່ນອກ ເພື່ອພັດທະນາການອ່ານ.

ບຶ້ມທຶວບຶ້ມ່ອບບ່?

ພວກເຮົາມີບຶ້ມຫຼາຍຮ້ອຍທຶວໃຫ້ເລືອກອ່ານ.

ພວກເຮົາຮ່ວມມຶກັບນັກຽຽນ, ຊ່ຽຊານດ້ານການສຶກສາ, ຜູ້ປຶກສາທາງດ້ານວັດທະນະທຳ, ລັດຖະບານ ແລະ ອຶງກອນທີ່ບ່ຂຶ້ນກັບລັດຖະບານ ເພື່ອນຳຄວາມເພີດເພີນ ໃນການ ອ່ານໃຫ້ກັບເດັກນ້ອຍທຶວທຸກແຫ່ງ.

ຮູ້ບ່?

ພວກເຮົາສ້າງການປ່ຽນແປງທີ່ດີໃນຊຶງເຂດນີ້ ໂດຍປະຕິບັດ ເປ້ົາໝາຍ ການພັດທະນາແບບຍຶບຍຶງຂອງສະຫະປະຊາຊາດ.

libraryforall.org

9 789993 214 0213